Generis

PUBLISHING

LES LEADERS RELIGIEUX CONTRE LA DISCRIMINATION

HERNST AMBROISE

CIP a Camerei Naţionale a Cărţii

Ambroise, Hernst.

Les leaders religieux contre la discrimination / Hernst Ambroise. – Chişinău : Generis Publishing, 2020 (Print on demand). – 48 p.

Referinţe bibliogr.: p. 48.

ISBN 978-9975-3429-0-2.

2+316.647.82

A 45

Cover Image: www.pixabay.com
Online orders: www.generis-publishing.com
Orders by email: info@generis-publishing.com

Dédicaces

- *A Dieu, mon Créateur*

- *A Jésus-Christ, mon Rédempteur*

- *Au Saint-Esprit, mon Consolateur et mon Enseignant, qui me révèle les choses cachées.*

- *A ma mère Mme Christian Ambroise*

- *Aux Etudiants de L'Institut Cerveau du Monde (ICERMO) – The World Great Powerful Brain Institute (WGPBI)*

- *Aux Enfants de L'Institution Mixte Vision Changement (IMVC)*

- *Au Centre de Santé et de Recherche de L'Institut Cerveau du Monde. (Health Center and Research – HCR)*

- *A tous les leaders positifs qui m'ont influencé au fil des ans*

Merci d'avoir investi en moi !

Tables des matières

Préface

<<Que faut-il faire pour vaincre la discrimination, et comment devons-nous la combattre dans les pays du monde entier ?>> Les gens ne cessent de poser cette question, mais ceux qui veulent vraiment trouver une solution ou qui sont confrontés à des problèmes insolubles la posent encore.

En réponse à cette question, ce livre vous aidera à vaincre totalement ce mal partout à travers le monde tout en fournissant les éléments essentiels dont vous avez besoin et en répondant des questions spécifiques, telles que : <<Qu'est ce qui ne va pas avec la discrimination ?>>, << Pourquoi ça ne va pas ?>>, <<Qu'est-ce qu'il faut faire pour que ça aille ?>>, <<Comment le faire ?>>. A votre grande surprise, ce livre a déjà répondu clairement à toutes ces questions.

Enfin, je veux directement adresser mes remarques à vous lecteur. Si souvent, il arrive qu'on lise un livre superficiellement. Je vous en conjure, n'agissez pas de la sorte avec ce livre. J'espère que vous ferez en ma compagnie le parcours que représente la connaissance spirituelle et intellectuelle des Leaders Religieux contre la discrimination. Je considère tout naturellement que vous êtes un leader potentiel, et que vous vous intéressez à la paix, l'unité et l'amour, non seulement dans votre église, mais aussi dans votre communauté, votre groupe, votre institution et votre organisation.

J'espère que ce petit livre sera un guide utile pour tous les lecteurs qui veulent vaincre la discrimination dans leur communauté, leur région, leur pays et même le monde.

INTRODUCTION

Pourquoi ce livre ? Ce sujet n'a-t-il pas été abordé par différents auteurs et leaders religieux ? Que peut-on apporter de nouveau ? Ne dit-on pas qu'il n'y a rien de nouveau sous le soleil ? Juste. Mais ma contribution est une insistance auprès des leaders religieux ou autres leaders du monde entier tout en les fournissant des procédés spécifiques qui luttent contre la discrimination et qui veulent la vaincre sous toutes ses formes, telles que : discrimination religieuse, sociale, intellectuelle, culturelle, directe ou indirecte…etc.

Paix ou guerres dépendent en grande partie des principes qui guident notre vie. Et il n'y a que le respect et l'application des bons principes de la loi ou de la constitution d'un pays qui puissent nous apporter la paix, l'unité et la fraternité.

En considérant les conflits familiaux, régionaux, nationaux, internationaux, les pleurs, le nombre sans cesse croissant de combats accomplis et de luttes à répétition, je suis amené à questionner le bien-fondé de l'origine de la discrimination. C'est pourquoi il est nécessaire d'avoir un guide, une feuille de route, un repère de références solide pour la combattre.

C'est toujours dans cette logique d'apporter ma contribution à un changement dans le monde entier que cet ouvrage << Les Leaders Religieux contre la discrimination>> est rédigé. Ma formation de Théologie m'a longtemps interpellé face à la dérive et la méchanceté dont font montre plein de dirigeants et leaders du monde en matière de religion. Dans de nombreux pays, les gens massacrent bien des innocents au nom de la religion. Pour se justifier, ils se disent qu'ils iront au paradis. Mais comment aller au paradis en détruisant de vies humaines à cause de la discrimination religieuse sans pour autant créer déjà autour de vous ou de votre communauté un climat d'amour, d'unité et de paix ?

<<Les Leaders Religieux contre la discrimination>> est un plaidoyer en faveur d'un monde de paix d'unité et d'amour pour aider les leaders du monde à combattre pour toujours la discrimination sous toutes ses formes.

Bonne lecture !

Discrimination - Définition

Le sens du terme ''discrimination'' est à l'origine neutre, synonyme du mot <<distinction>>, mais il a pris des lois qu'il concerne une question sociale, une connotation péjorative, désignant l'action de distinguer de façon injuste ou illégitime, comme le fait de séparer un individu ou un groupe social des autres en le traitant moins bien.

Concept de discrimination sociale

Le concept de discrimination sociale fait son apparition à la suite des luttes politiques de droit entre les hommes qui aboutissent dans la plupart des pays occidentaux au début de la seconde moitié du XXe siècle à l'abolition progressive des différentes légales de traitement (fin de colonisation), de la ségrégation aux Etats-Unis, etc.). Dans un contexte où la société évolue dans le sens d'une généralisation des mécanismes de concurrence, certains groupes sociaux ne bénéficient pas objectivement des mêmes chances que les autres malgré l'égalité de droit dont ils jouissent en principe. C'est le cas des minorités visibles, des minorités culturelles, des femmes, des handicapés, des seniors, des lesbiennes, gays, bisexuels et transgenres, etc.

Pour rétablir un équilibre des chances, des états engagent des politiques de luttes contre les discriminations. Cette lutte emprunte plusieurs chemins. D'abord le droit : du point de vue, la discrimination consiste à léser un groupe, mais un individu, en se fondant sur un critère illégitime. Il s'agit aussi de prévenir les discriminations par exemples en rendant anonymes les candidatures à des emplois. Ensuite, des politiques de rééquilibrage, appelées <<discrimination positive>> qui visent à rééquilibrer les chances entre les groupes. Enfin, de manière générale, il existe des mesures économiques, sociales et culturelles.

Certaines discriminations collectives sont créées de toutes pièces par des groupes religieux ou ethniques qui les pratiquent et en tirent orgueil. Ainsi, les mutilations sexuelles discriminent les individus qui en sont victimes. Ce sont des auto-discriminations choisies et revendiquées par ces groupes. Ces sociétés discriminent les individus du groupe qui s'y refusent et les communautés voisines qui ne les pratiquent pas.

Différents type de discrimination

1-**Discrimination religieuse** : Musulmans / Chrétiens / Juifs-Catholiques/ Protestants…

2-**Discrimination sexuelle** : Hommes/ Femmes-filles/ Garcons homosexuels ou homosexuelles, hétérosexuels ou hétérosexuelles/ Bisexuels ou bisexuelles…

3-**Discrimination raciale** : Noirs/ blancs…

4-**Discrimination ethnique** : Serbes/ Bosniaques-hutus/ Tutsis…

5-**Discrimination sociale** : Riches/ Pauvres- toxicomanes, chômeurs…

6-**Discrimination positive** : Comme son nom l'indique, est une discrimination, mais elle renverse le fonctionnement de la discrimination classique en favorisant les groupes qui sont habituellement défavorisés.

7-**Discrimination positive** : On parle de discrimination positive par le fait que de nombreuses offres d'emploi des institutions européennes demandaient (jusqu'à 2002 au moins) aux candidats d'avoir l'anglais comme la langue maternelle (English Mothers Tongue ou English native speaker), éliminant ainsi les candidats ayant l'anglais comme langue d'étude, même à un niveau excellent.

8-**Discrimination multiple** : Lorsqu'une personne est victime de différentes formes de discriminations en raison, par exemple, de sa couleur de peau et de son âge.

La discrimination peut-être directe et indirecte

Les cas de discrimination directe sont ceux où la discrimination est évidente dans les faits.

Exemple : Une politique permettant seulement aux hommes d'occuper un emploi de gardien de sécurité serait qualifiée de discrimination directe, puisqu'elle exclut explicitement les femmes.

Exemple : On refuse l'accès à un restaurant à une personne handicapée parce qu'elle est en chaise roulante.

Exemple : On refuse d'embaucher une personne parce qu'elle est d'origine turque.

La discrimination indirecte par contre, est moins apparente à première vue. Ce genre de discrimination est bien plus répandu que la discrimination directe.

Exemple : Une politique exigeant que les candidats à un emploi possèdent un permis de conduire semble neutre, alors qu'elle exclut les candidats que ne peuvent pas obtenir un permis de conduire en raison d'une déficience comme l'épilepsie.

Exemple : La propriétaire d'un immeuble locale informe son concierge qu'elle refuge de louer des logements aux balkaniques. Une personne d'origine se présente ayant vu l'annonce d'un appartement à louer et le concierge lui dit qu'il n'y a pas de logement disponible, bien que ce ne soit pas vrai.

La loi Suisse interdit la discrimination où certaines formes de comportements indésirables liés à un des critères protégés (origines, handicap, âge, etc.) qui ont pour effet de porter atteinte à la dignité de la personne et de créer un environnement intimidant, hostile, dégradant humiliant ou offensant.

La discrimination est le résultat d'actes concerts et il est possible de la combattre efficacement. Pour s'en défendre, il faut d'abord être informe des règles en vigueur, des moyens d'action et des organisations auxquelles on peut s'adresser pour obtenir une assistance et un soutien.

Etude comparative des 5 plus grandes religions du monde

Les cinq (5) grandes religions comparées.

Etudes comparative des croyances de l'Hindouisme, du Bouddhisme, du Judaïsme, du Christianisme et l'Islam.

- **Fondateurs**

- **Conception de Dieu**

- **Origine du monde**

- **Conception de l'homme**

- **Conception de la vie après la mort**

Une religion est une manière d'envisager la relation entre les hommes et le divin (un ou plusieurs), une façon aussi de concevoir le monde et de répondre aux grandes questions existentielles (d'où venons-nous, pourquoi existons-nous, où allons-nous après la mort, y a-t-il un Dieu qui s'intéresse à nous.), c'est enfin également une manière de vivre qui découle des croyances et du monde d'expression de celles-ci.

FONDATEURS :

Christianisme : Jésus, Juif ne en Israël. Il dit être le Dieu le-Fils, c'est-à-dire Dieu fait homme, venu pour sauver l'humanité du mal qui la ronge. Il est appelé le Christ / ou le Messie, ce qui veut dire <<envoyé de Dieu>>, <<le Sauveur>>. La majeure partie des Juifs ne voulait pas le reconnaitre comme tel, le Christianisme est devenu nouvelle religion, issue du Judaïsme.

Judaïsme : Le Judaïsme plonge ses racines dans la lignée d'un homme, Abraham (vers 2000 av. J.C), ayant reçu la révélation du Dieu unique, créateur de tout (alors que tous les peuples alentours sont polythéistes. Puis vint Moise, qui reçut la charge d'instruire le peuple Juif selon les commandements de Dieu. (Voir les 10 commandements ; L'Ancien Testament-Tanakh).

Islam : Muhammad (Mohammed ou Mahomet, en français). Il nait vers 570 après J.C., dans l'actuelle Arabie Saoudite. Il croit en un seul dieu, qu'il appelle Allah, dont il reçoit dit-il une révélation. Il dictera des préceptes à ses disciples et fondera avec eux une nouvelle religion.

Indouisme : On ne connait pas l'origine de cette religion complexe. C'est un ensemble de croyances transmises par orale puis orale puis par écrit, depuis plusieurs millénaires avant J.C.

Bouddhisme : Siddhartha Gautama, appelé plus tard Bouddha, née vers 560 av. J.C en Inde. Sa vie exacte nous est inconnue. C'est surtout sa légende qui est racontée. Il eut une illumination qui le fit sortir de l'hindouisme et il fonda une nouvelle religion.

CONCEPTION DE DIEU

Christianisme : Yahvé-Prononciation de l'Hébreu YHWH, Dieu unique, créateur du monde, Tout-Puissant et saint (c'est-a-dire sans mal). Le christianisme insiste sur le fait que Dieu est Amour : il s'implique dans la vie des croyants et désire entretenir une relation d'intimité et de dialogue avec eux au travers de Jésus. Jésus dit être Dieu incarné. Selon la Bible, il est venu sur terre pour sauver les hommes, a été mis à mort, mais il serait ensuite ressuscité.

Judaïsme : Yahve, Dieu unique Tout-puissant et saint (Sans mal). Il récompensera les justes et punira les méchants. Il est miséricordieux et compatissant, lent à la colère, mais ne tolère pas le mal. Le Judaïsme insiste sur le respect de la loi de Dieu, donnée à Moise et son observance parfaite. S'il est Dieu de tous les hommes, les Juifs croient que Dieu les a choisis eux, comme son peuple privilégié.

Islam : Allah, Dieu unique et tout-puissant, bien au-delà de sa création, qui récompensera ses fideles après leur mort, s'ils observent ses préceptes donnes à Muhammad dans le Coran (<<Islam>> veut dire <<soumission>> ; il faut en respecter les 5 piliers, notamment.

Hindouisme : Il n'y a pas de Dieu à proprement parler, mais un grand tout, impersonnel, auquel s'ajoute une multitude de divinités.

Bouddhisme : Il n'y a pas de dieu dans le bouddhisme, car il s'agit d'une conception athée de la vie. Il existe toute une croyance en des entités spirituelles, ayant une durée de vie et une connaissance limitées, bien que millénaires.

ORIGINE DU MONDE

Christianisme : L'univers a été créé par Yahvé, seul et unique Dieu. De lui-même, Dieu a fait surgir la matière pour façonner les astres et les planètes, puis Dieu a ensuite créé la vie. Le récit de la création et raconte dans le premier livre de la Bible, commun avec le Judaïsme.

Judaïsme : L'univers a été créé par Yahvé seul et unique Dieu. Le récit de la création et raconte dans le premier livre de la Bible.

Islam : L'univers a été créé par Allah, seul et unique Dieu. La création est mentionnée dans quelques versets du coran.

Hindouisme : L'univers a été créé par un dieu du nom Brahman.

Bouddhisme : L'univers n'a pas été créé (il n'y a pas de dieu, dans le bouddhisme), mais il a évolué par lui-même.

CONCEPTION DE L'HOMME

Christianisme : L'homme est une créature de Dieu, faite à son image (intelligence, parole, capacité d'amour…), mais il est affecté par la présence du mal en lui (appelé <<Péché>>). Destiné initialement à vivre en harmonie avec Dieu, la nature et les autres, sa vie est devenue souffrance et mort, a causé des ravages du pêché. Par amour, Jésus est venu délivrer l'humanité de l'emprise du mal, en mourant sur une croix à la place des hommes. Mais cette délivrance ne s'obtient que par la foi. L'homme est appelé à retrouver des relations d'amour avec Dieu et avec les autres, en plaçant sa foi en Jésus-Christ et en recevant le pardon de ses péchés.

Judaïsme : L'homme est une créature à l'image de Dieu (don entièrement bon). S'il reconnait l'existence du pêché dans le monde (=le mal), le Judaïsme ne pense pas à la différence du Christianisme, que le mal être en l'homme. Ce dernier est simplement tenté par le mal, qui est extérieur à lui. Pour l'éviter, il doit s'efforcer d'obéir en tout point aux préceptes de la loi de Moise.

Islam : L'homme a été créé par Allah. Il est appelé à la soumission totale à Allah, notamment liée au respect ou au du non respect du Coran.

Hindouisme : L'homme est un être sans valeur particulière, faisant partir du grand tout.

Bouddhisme : L'homme, issu de l'évolution de l'univers, est prisonnier de l'univers de sa condition, qui est souffrance. Il doit s'efforcer par divers exercices, de s'affranchir de ses désirs pour gagner en détachement vis-à-vis de tout et ainsi trouver la paix intérieure.

CONCEPTION DE LA VIE APRES LA MORT

Christianisme : L'homme a une dimension éternelle, la mort n'étant qu'une fin de sa dimension physique, provoquée par la présence du mal en lui. Dieu assure le croyant en Jésus d'une nouvelle vie sur une nouvelle terre, sans souffrance, sans maladies et sans la mort. En revanche, ceux qui auront fait le choix de rester dans le mal toute leur vie et / ou d'ignorer Dieu/ Jésus seront séparés éternellement de Dieu et de son amour.

Judaïsme : Selon ses actes (obéissance ou désobéissance à la loi), l'homme ira après sa mort soit au paradis (monde sans souffrances), soit en enfer (monde de tourments). Mais sur terre, l'homme ne sait pas ce que Dieu décidera pour lui.

Islam : Selon sa bonne ou mauvaise obéissance du Coran, le croyant ira soit au paradis (lieu de plaisirs, surtout décrit pour les hommes), soit en enfer (Jugement). Mais seul Allah décidera en fin de compte de son sort. Sur terre, l'homme ne sait pas de quel côté penchera la balance de ses actes.

Hindouisme : L'Hindou espère échapper aux cycles infernaux des réincarnations, en faisant de bons Karma, pour enfin disparaitre de la terre et se fondre dans le <<Soi cosmique>>. Il y a alors extinction complète : l'individu n'existe plus, mais s'est fondu dans l'univers. C'est le Nirvana.

Bouddhisme : Cela ressemble à l'Hindouisme : l'homme n'a pas de dimension éternelle en lui-même, qui survive après sa mort. Il est appelé à échapper aux cycles des réincarnations et à disparaitre dans la non-existence, fin de ses souffrances terrestres. C'est le Parinirvâna.

Le problème des religions : la discrimination

Quand on entre dans la vie de quelqu'un sans l'acceptation de ce dernier, il va y avoir toujours un conflit. Et quand on veut aussi prendre la volonté d'un homme ou d'une femme, les conflits arriveront presque toujours. Car l'être humain a une volonté et il ne veut pas que l'on prenne sa volonté comme la votre sans une coopération avec lui. Si cette coopération n'est pas respectée, ce sera toujours de grandes crises parmi les nations. Par exemple, j'ai entendu à maintes reprises par certains que leur religion est meilleure que toutes les autres, d'autres affirment qu'ils sont eux seuls dans la vérité. D'autres encore disent que sans leur religion, tous iront en enfer.

Ces nombreux discours ne font que conduire dans la discrimination, la division, la haine et le mal de toutes sortes. Ils pensent peut-être que c'est une petite affaire parce qu'ils ignorent le domaine de l'esprit. Voila pourquoi je vais vous faire part de trois (3) grands problèmes qui vous permettront de comprendre le problème en profondeur.

Problème #1 : Les religions ne comprennent pas les Ecritures ou la parole de Dieu.

C'est la plus grande erreur commise par les religions du monde. Elles ne comprennent pas les Ecritures. Si elles avaient compris les Ecritures, elles auraient bien vite évité tant de catastrophes incluant aussi la discrimination dans le monde. Je dis et je cite :

<<Jésus-Christ est entré comme les autres leaders religieux du monde au tombeau. Mais il laissa le tombeau et retourna seul à la vie pour toujours>>.

Ma question pour vous à présent sans arrière de pensée ni fanatisme. Où sont les autres leaders ? Certainement me dites-vous, ils sont restés au tombeau, car ils n'étaient pas la vie et qu'ils recevaient cette vie de la vie à savoir Jésus-Christ. Voila pourquoi il pouvait déclarer dans le livre de Jean, le chapitre 14, le verset 6 :

<<Jésus lui dit : Je suis le chemin, la vérité et la vie. Nul ne vient au Père que par moi>>.

Par sa résurrection, il avait fait preuve qu'il avait bel et bien La Vie. De plus, lui seul comme leader religieux pouvait conjuguer le verbe mourir au passé selon Apocalypse, chapitre 1 :17-18 :

<<Quand je (Jean) le (Jésus-Christ) vis, je tombai à ses pieds comme mort. Il posa sur moi sa main droite, en disant : Ne crains point. Je suis le premier et le dernier, et le vivant. J'étais mort ; et voici, je suis vivant aux siècles des siècles. Je tiens les clefs de la mort et du séjour des morts>>.

Pourtant ce grand leader religieux pouvait vivre en harmonie avec toutes les couches sociales : riches ou pauvres, Intellectuels ou ignorants, Maitre ou esclaves, méprisés ou rejetés au point qu'il donna sa vie même pour l'humanité selon Jean 3, le verset 16 :

<<Car Dieu a tant aimé le monde qu'il a donné son fils unique afin que quiconque croit en lui ne périsse point, mais qu'il ait la vie éternelle>>.

Par son grand amour pour l'humanité, il finit par briser les chaines de la discrimination et appeler tous les hommes, femmes et enfant à venir vers lui. Selon Matthieu 11 :28, les versets 28 à 30 :

<<Venez à moi, vous tous qui êtes fatigués et chargés, et je vous donnerai du repos. Prenez mon joug sur vous et recevez mes instructions, car je suis doux et humble de cœur ; et vous trouverez du repos pour vos âmes. Car mon joug est doux et mon fardeau léger>>.

Et du temps d'Apôtre Pierre, ses contemporains avaient eu aussi ce même genre de problème. C'est pourquoi, il pouvait dire à l'égard de Jésus-Christ, le Fils de Dieu tout en montrant la supériorité du Christ par rapport aux autres leaders religieux dans le livre des Actes, le chapitre 4, les versets 8 à 12 :

<<Dirigeants de la nation et responsables du peuple ; nous sommes aujourd'hui interrogés sur le bien que nous avons fait à un infirme et sur la manière dont il a été guéri. Eh bien, sachez le tous, et que tout le peuple d'Israël le sache : c'est au nom de Jésus-Christ de Nazareth que nous avons agi de ce Jésus que vous avez crucifié et que Dieu a ressuscité des morts. C'est grâce à lui que cet homme se tient la debout devant vous, en bonne santé. Il est la pierre rejetée par les constructeurs par vous et qui est devenue principale, à l'angle de l'édifice. C'est en lui seul que se trouve le

salut. Dans le monde entier, Dieu n'a jamais donné le nom d'aucun autre homme par lequel nous devons être sauvés>>.

Et l'Apôtre Paul avance dans le livre de Timothée, chapitre 2, le verset 5 :

<<En effet, il y a un seul Dieu, et de même aussi un seul médiateur entre Dieu et les hommes, un homme : Jésus-Christ>>.

Malgré toutes ses qualités, en l'occurrence Jésus-Christ, lui le Dieu-Homme, a pu détruire le mur de la discrimination en vivant avec tous comme un homme tout en respectant les convictions religieuses de chacun. Par cet acte, il pouvait bien créer un climat de paix, d'amour et de sérénité autour de ses semblables. Quel bel exemple pour les leaders aujourd'hui ! Imitez Jésus-Christ et vous apporterez une atmosphère de paix dans votre famille, votre communauté, votre région, votre pays et même le monde.

Problème #2 : Les religions ne comprennent pas la puissance de Dieu.

Beaucoup de problèmes arrivent dans le monde par le fait que les gens ne comprennent pas la puissance de Dieu. Comme ils ne connaissent pas la puissance de Dieu, cela les pousserait à mettre leur foi en toutes choses sans discerner le vrai du faux, le juste de l'injuste et l'essentiel de l'accessoire. Cette ignorance n'est pas différente en ce qui concerne les convictions religieuses. Par exemple certaines religions croient dans l'Au-delà avec l'espoir d'atteindre le paradis après avoir massacré des innocents comme bon leur semble. D'autres croient qu'il y a une vie après la mort et sans pour autant mener une vie paisible déjà sur terre avec leurs semblables, leurs communautés. D'autres croient encore en la réincarnation, mais ils discriminent les autres par leurs mauvais comportements pour ne citer que ceux-là. Toutes ces choses au nom de la religion. Quel est le problème ? Le problème est simple, c'est que les gens ne comprennent pas réellement la puissance de Dieu. Toutes ces convictions religieuses arrivent parce que les gens ne comprennent pas la puissance de Dieu. Sans vous choquer, et avec tout mon respect pour vous, si vous le permettez, parmi toutes ces religions, une seule d'entr'elles font preuve de la puissance de Dieu parce que seul Jésus-Christ, leader du Christianisme, par sa résurrection a vécu toute la plénitude de la puissance de Dieu. Et cette religion la n'est autre que le Christianisme qui fait aussi mention d'Au-delà, c'est-à-dire la vie après la mort. Car il y a une vie après la mort selon le livre des Hébreux, chapitre 9, le verset 27 :

<<Et comme le sort de tout homme est de mourir une seule fois – après quoi il est jugé par Dieu>>.

Ce qui parait étrange ici dans le Christianisme, bien qu'il comprenne toute la puissance de Dieu, il condamne avec force toutes formes de discrimination pour le bien et la paix des nations. Donc, apprenez maintenant l'apparition de toutes les multitudes de religion. La vérité, c'est qu'elles ne comprennent ni les Ecritures ni la puissance de Dieu.

Pourquoi la religion devient-elle une discrimination ?

Je crois de toutes mes forces que la discrimination vient par le fait que l'éducation grande et puissante est absente, et que les gens préfèrent la futilité à la vérité. Car là où règne l'ignorance, là règnent aussi toutes sortes de mal pour la destruction de l'humanité. Il n'est pas sans savoir que dans le monde, il y a presque toujours une lutte constante en ce qui concerne la religion. Les leaders qui devraient être des exemples font le plus souvent la même erreur en basant sur des mensonges pour éliminer ou massacrer des innocents. Maintenant je vais vous relater les raisons pour lesquelles la religion devient une discrimination.

Premièrement : Le fanatisme.

Le fanatisme est diabolique parce qu'il rend aveugle et détruit tout jugement. Le fanatique a des yeux et ne voit pas. Il a des oreilles et n'entend pas. Il a un esprit et ne réfléchit pas. Ce qu'il croit, il le croit. Cette croyance peut bien le pousser à des exagérations au nom de sa religion. Car il n'a pas de temps pour examiner ou sonder les choses. Donc, son esprit n'est imbu que du fanatisme.

Deuxièmement : La tradition

Beaucoup de groupes dans le monde adoptent cette philosophie sans même connaitre le bien-fondé de cette philosophie, tradition et doctrine. Le fait qu'ils sont nés dans une telle atmosphère, comme par exemple s'ils sont Pharisiens, Bouddhistes ou Musulmans…etc., ils ont fini par comprendre que cette doctrine, tradition et philosophie n'est que la vérité alors que cela n'a rien à voir avec la vérité. C'est Jésus-Christ qui eut à exhorter en ce sens les pharisiens dans le livre de Matthieu, chapitre 15, le verset premier au neuvième verset :

<<A cette époque, des pharisiens et des spécialistes de la loi vinrent de Jérusalem ; ils abordèrent Jésus pour lui demander : -Pourquoi tes

disciples ne respectent-ils pas la tradition des ancêtres ? Car ils ne se lavent pas les mains selon le rite usuel avant chaque repas. –Et vous, répliqua-t-il, pourquoi désobéissez-vous à l'ordre de Dieu lui-même pour suivre votre tradition ? En effet, Dieu a dit : Honore ton père et ta mère et que celui qui maudit son père ou sa mère soit punit de mort. Mais vous, qu'enseignez-vous ? Qu'il suffit de dire à son père ou à sa mère :<<Je fais offrande à Dieu d'une part de mes biens avec laquelle j'aurais pu t'assister>>, pour ne plus rien devoir à son père ou à sa mère. Ainsi vous annulez la Parole de Dieu et vous la remplacez par votre tradition. Hypocrites ! Esaie vous a fort bien dépeints dans sa prophétie : Ce peuple m'honore du bout des lèvres, mais, au fond de son cœur, il est bien loin de moi ! Le culte qu'il me rend n'a aucune valeur, car les enseignements qu'il donne ne sont que des règles inventées par les hommes.

C'est là encore l'un des graves problèmes de nombreuses nations au lieu de s'appuyer sur la vérité pour procurer la paix et l'harmonie s'appuient sur le mensonge pour condamner des citoyens paisibles. Ainsi donc, nous ne devrions pas nous laisser aveuglement influencer par des traditions pour discriminer ou détruire la vie humaine. Vous pouvez avoir certes la tradition de vos ancêtres, cela ne veut pas dire pour autant que, si vos voisins, vos compatriotes et des étrangers autour de vous sont différents de vous, vous serez obligé de recourir à la discrimination. En vérité, la discrimination peut bien être évitée. Pour cela, il faut bien analyser et examiner votre tradition pour voir si elle contribuera à la malfaisance ou la bienfaisance de l'humanité. Si elle détruit la vie humaine, abandonnez-la, mais si elle construit la vie humaine, poursuivez-la. Une fois de plus, en vérité, la discrimination peut bien être évitée.

Troisièmement : La violation de la Loi

Il n'est pas sans savoir que la discrimination arrive dans une communauté et dans une nation par le fait que la constitution en vigueur n'est pas respectée. Une fois, cette violation de la Loi existe, la discrimination fera toujours son chemin par la division, la haine, le conflit, la lutte et même la guerre. Il existe des moments où la violation viennent du gouvernement et des Autorités établies. A ce moment-là, ce sera le chaos total et un combat acharné pour ceux qui doivent la combattre. J'estime qu'il est important de vous faire part de la Constitution fédérale contre le racisme et la discrimination.

La Constitution Fédérale

La Constitution fédérale, c'est quoi ?

La Constitution fédérale est un texte qui réunit l'ensemble des droits et de devoirs les plus importants qui doivent exister entre l'Etat et les collectivités publiques et concerne aussi les rapports entre les pouvoirs publics et les individus.

Elle fixe le cadre que les lois fédérales valables pour l'ensemble de la Suisse) et les constitutions et les cantonales doivent respecter. Tout changement de la constitution doit-être voté par le peuple.

Le 18 Avril 1999, le peuple et les cantons ont accepté une nouvelle constitution fédérale, avec une nouvelle innovation dans le domaine qui nous intéresse ; le texte de la nouvelle Constitution fédérale comprend à l'article 8 un catalogue complet des droits fondamentaux et établit expressément le principe de non discrimination et d'égalité des chances :

L'article 7 garantit une protection générale de la dignité humaine, en stipulant que :<< **La dignité humaine doit être respectée et protégée>>.**

L'article 8-2 de la nouvelle Constitution fédérale dit que :

<<Nul ne doit subir de discrimination du fait notamment de son origine de sa race, de son sexe, de son âge, de sa langue, de sa situation sociale, de son mode de vie, de ses convictions religieuses, philosophiques ou politiques, ni du fait d'une défiance corporelle, mentale ou psychique.

Ainsi donc, désormais, la Constitution fédérale statue expressément sur les droits fondamentaux essentiels tels que le droit à la dignité humaine, le principe de non-discrimination et la liberté d'opinion.

Les articles 7 et 8 de la Constitution fédérale constituent ainsi les fondements juridiques essentiels de la lutte contre le racisme.

Pour clore ce chapitre, toutes les nations de la terre doivent lutter contre le racisme et la discrimination. Car le racisme et la discrimination mènent la division, la haine et la mort tandis que la non-discrimination même à l'unité, l'amour et la vie.

La volonté de Dieu pour l'humanité

Lorsque nous jetons un coup d'œil dans la Bible, nous ne voyons pas avec de grandes difficultés le soin que Dieu a pris pour créer l'homme, les animaux et la nature. C'est une création merveilleuse où Dieu a permis à l'homme, et même aux animaux d'agir selon leur propre arbitre en vue de perpétuer la vie sur terre. Dieu pouvait bien réagir en conformité avec sa volonté, lui le Dieu omniscient, le Dieu omniprésent et le Dieu omnipotent. Mais les choses n'en étaient pas ainsi. Car il voulait bel et bien donner un exemple à l'homme, son image afin qu'il puisse suivre ses traces en tout partout et toujours pour le bien de l'humanité. Si nous mettions seulement en pratique cette manière d'agir de Dieu, il y a bien longtemps que nous éviterions par mal de conflits dans le monde. Voila pourquoi il est vraiment important de voir à travers la Bible sa manière d'agir et du même coup de vous faire part de nombreux arguments qui vous permettront d'afficher un comportement au milieu même de toutes les religions du monde.

J'ai entendu par mal de nouvelles à la radio, la télévision et les réseaux sociaux où la guerre de religion fait rage parmi les nations. Et cette rage est tellement cruelle que la plupart même des fanatiques passionnés ont perdu même leur vie à des fins inutiles. Pourquoi ? La réponse, c'est que les hommes et les hommes et les femmes du monde choisissent de ne pas obéir à la parole du créateur. C'est la raison pour laquelle je vais vous faire part maintenant des arguments solides que le roc pour vous aider à mieux recevoir la vérité.

1ᵉʳ argument

Dans le livre de la Genèse, le premier livre de la Bible, au chapitre deuxième, nous voyons dire Dieu cette déclaration :

<<Et L'Eternel Dieu ordonna à l'homme : Mange librement des fruits de tous les arbres du jardin sauf du fruit de l'arbre du choix entre le bien et le mal. De celui-là, n'en mange pas, car le jour où tu en mangeras, tu mourras>>. (Genèse 2 :16-17)

A noter ici que Dieu a fait l'homme tridimensionnel, c'est-à-dire l'esprit, l'âme et le corps ; et qu'il n'a pas forcé la volonté de l'homme. Car toute volonté forcée empêcherait tout développement spirituel, intellectuel et moral. Donc, il revient à lui-même de choisir le fonctionnement de sa vie et sa destinée présente et future. Bien que Dieu soit le créateur et l'ordonnateur, il ne voulait pas pour autant entrer dans la vie de ce dernier sans une coopération ou même une communion intime. L'homme : un être libre qui a le plein pouvoir et le plein droit de faire ce qu'il veut en choisissant le bien et le mal en harmonie avec sa volonté. La grande question alors : Qui êtes-vous pour imposer à un homme ou une femme une religion, une doctrine et une philosophie ? Si vous le faites, n'êtes-vous pas un fomentateur de trouble au lieu d'être un procureur de paix. La paix, c'est la vie. Ceux qui procurent la paix autour d'eux sont bénis parce qu'ils entrent dans le plan de Dieu.

2 ème argument

<<Venez à moi, vous tous qui êtes accablés sous le poids d'un lourd fardeau, et je vous donnerai du repos. Prenez mon joug sur vous et mettez-vous a mon école, car je suis doux et humble de cœur, et vous trouverez le repos pour vous-même. Oui, mon joug est facile à porter et la charge que je vous impose est léger>>. (Matthieu 28 :28-30)

Vous pouvez aussi remarquer ici dans ces versets que Jésus n'avait pas essayé de prendre avec force la volonté des gens pour les amener à lui, mais il avait fait de préférence un appel solennel de façon volontaire parce qu'il sait que l'homme a un droit d'agir et de réagir comme bon lui semble.

Moise nous a aussi fait part de cette vérité dans son livre de Deutéronome, chapitre 30, le verset 19 :

<<Je prends aujourd'hui le ciel et la terre à témoin : je vous offre le choix entre la vie et la mort, entre la bénédiction et la malédiction. Choisissez donc la vie, afin que vous viviez, vous et vos descendants>>.

En d'autres termes, il voulait dire que Dieu a donné un droit absolu à l'homme en ce qui concerne sa volonté, soit pour le bien soit pour le mal. Donc, qui êtes-vous pour imposer à un homme ou à une femme d'adopter votre volonté et votre conviction religieuse sans le consentement de ce dernier ? A vous de réfléchir.

3eme argument

<<Voici : je me tiens devant la porte et je frappe. Si quelqu'un entend ma voix et ouvre la porte, j'entrerai chez lui et je dinerai avec lui et lui avec moi>>. (Apocalypse 3 :20)

C'est un verset sur lequel Dieu met l'accent une foi de plus sur la volonté de l'homme. Regardons un instant ce verset. Il nous indique en partie que la maison n'appartient pas à cet homme (Jésus) qui frappe parce qu'il n'a pas de clé. Pourtant la maison est belle et bien appartenue à cet homme. Il laissa sa maison et se dirigea dans la maison de cet homme. C'est sa volonté. Mais il laissa à l'homme le plein droit de le laisser entrer ou non. Quel bel exemple pour ceux qui discriminent les autres pour leurs convictions religieuses.

4 ème argument

<<Mais il y a un fait que vous ne devez pas oublier, mer chers amis : c'est que, pour le Seigneur, un jour est comme mille ans et mille ans sont comme un jour. Le Seigneur n'est pas retard dans l'accomplissement de sa promesse, comme certains se l'imaginent, il fait simplement preuve de patience à votre égard, car il ne veut pas qu'un seul périsse. Il voulait, au contraire, que tous parviennent à se convertir>>. (2 Pierre 8 :9

Ici Dieu veut que tous les hommes du monde entier obtiennent le salut. C'est sa volonté. Selon vous, tous les hommes auront-ils le salut ? Je crois que non. Mais pourquoi me direz-vous, Dieu n'est-il pas omnipotent, omniscient et omnipotent? Et la Bible dit encore dans le livre des Psaumes, le chapitre 135, le verset 6 :

<<L'Eternel accomplit tout ce qu'il veut au ciel et sur la terre, dans les mers et dans les abimes>>.

L'évangile Marc avance dans son livre, chapitre 10, verset 27 :

<<…Tout est possible>>.

A notre grand étonnement Dieu désire le salut pour tous, mais l'homme par sa volonté a le plein droit de choisir et de rejeter le salut.

Pour chlore ce chapitre, je suis réellement convaincu pour éviter la discrimination de religion, il faut respecter la volonté de chaque homme, femme et enfant vivant dans le monde. Le refus de ce respect entrainerait une violation de la dignité humaine et de la Loi. Car chacun est libre d'exercer sa religion en tout, partout et toujours. C'est le seul plein droit de Dieu pour que chaque personne exerce sa religion par sa volonté comme elle veut. Et sans cette liberté de religion, l'homme ne serait plus un être, une personne, mais un robot.

Jésus-Christ et la religion

Nous savons tous que Jésus-Christ est un nom composé qui signifie : <<Jésus>>, <<Sauveur>>, nom humain et <<Christ>>, <<Messie>>, nom divin. Bref, il est 100% Homme et 100% Dieu. Lors de sa venue sur terre, il vivait comme un homme en toutes choses et à la seule différence, il n'a jamais commis de péché. Voila pourquoi il pouvait dire a ses contemporains :

<<Qui d'entre vous peut m'accuser d'avoir commis une seule faute>>. (Jean 8 :46)

Il disait encore à ses gens qui en voulaient à sa vie dans le livre de Jean, chapitre 8, le verset 29.

<<Oui, celui qui m'a envoyé est avec moi ; il ne m'a pas laissé seul, car je fais toujours ce qui lui est agréable>>.

Sa vie n'a jamais été partagée. Aucune créature ne la disparait, car Dieu occupe dans sa vie non seulement la première place, mais la seule. Lors de sa course, il vivait en paix avec ses contemporains. Cependant, quand il s'agissait de la religion, les choses se tournèrent en désarroi presque totalement où Jésus a mis toujours l'accent sur la vérité et la réalité des gens dans la communauté pour un monde meilleur et de paix alors que ses gens d'opposition ne cessaient de combattre pour la religion. Cette lutte devint si acharnée et couta la vie même de notre Seigneur et Sauveur Jésus-Christ.

Si vous lisez la Bible avec sagesse, intelligence et discernement, vous pouvez voir sans trop grand de difficultés qu'à chaque rencontre de Jésus avec les pharisiens et les scribes, il y eut toujours une lutte. Voyons à présent quelques exemples.

Exemple #1

<<Un jour de sabbat, Jésus enseignait dans une synagogue. Il s'y trouvait une femme qui, depuis dix-huit ans, était sous l'emprise d'un esprit qui la rendait infirme : elle était voutée et n'arrivait absolument pas à se redresser. Lorsque Jésus la vit, il l'appela et lui dit : Femme, tu es délivrée de ton infirmité ! Il posa ses mains sur elle et, immédiatement, elle se redressa et se mit à louer Dieu. Mais le chef de la synagogue fut fâché parce que Jésus ait fait cette guérison le jour du sabbat. S'adressant à la foule, il lui dit : Il y a six jours pour travailler : venez donc vous faire guérir ces

jours-là, mais pas le jour du sabbat ! Le Seigneur lui répondit : Hypocrites que vous êtes ! Chacun de vous détache bien son bœuf ou son âne de la mangeoire pour le mener à l'abreuvoir le jour du sabbat, n'est-ce pas ? Et cette femme, qui fait partie des descendants d'Abraham, et que Satan tenait en son pouvoir depuis dix-huit ans, ne fallait-il pas la délivrer de sa chaine aujourd'hui, parce que c'est le jour du sabbat ? Cette réponse de Jésus remplit de confusion tous ceux qui avaient pris contre lui, tandis que le peuple était enthousiasmé de le voir accomplir tant d'œuvres merveilleuses>>.

(Luc 13 :10-17)

Là encore dans ce passage, le même problème se pose, et le problème n'est autre que la religion tandis que Jésus, de son côté, a priorisé la vie parce qu'il voulait montrer par là que la santé, la guérison est plus importante que la religion et la tradition. Aveuglés, les pharisiens, par la religion et la tradition, ils ont fait la promotion pour la mort, la maladie et l'infirmité plutôt que la vie et la santé. C'est tout ce que la discrimination des religions, et bien plus encore, peut faire en valorisant le mal que le bien. Donc, la discrimination des religions vient parce que les gens ne comprennent ni les Ecritures ni la puissance de Dieu.

Exemple #2

<<A cette époque, un jour de sabbat, Jésus traversait des champs de blé. Comme ses disciples avaient faim, ils se mirent à cueillir des épis pour en manger les grains. Quand les pharisiens virent cela, ils dirent à Jésus : Regarde tes disciples : ils font ce qui est interdit le jour du sabbat ! Il leur répondit : N'avez-vous donc pas lu ce qu'a fait David lorsque lui et ses compagnons avaient faim ? Il est entré dans le sanctuaire de Dieu et il a mangé avec eux les pains exposés devant Dieu. Or, ni lui ni ses hommes n'avaient le droit d'en manger, ils étaient réservés uniquement aux prêtres. Ou bien, n'avez-vous pas lu dans la Loi que, le jour du sabbat, les prêtres qui travaillent dans le temple violent la loi sur le sabbat, sans pour cela se rendre coupables d'aucune faute ? Or, je vous le dis : il y a ici plus que le temple. Ah ! Si vous aviez compris le sens de cette parole : Je désire que vous fassiez preuve d'amour envers les autres plutôt que vous m'offriez des sacrifices, vous n'auriez pas condamné ces innocents. Car le Fils de l'homme est maitre du sabbat>>.

(Matthieu 12 :1-8)

Pour être bref, Jésus voulait montrer ici que la compassion est plus grande que la religion et la tradition. Dans ce passage que nous venons de dire, c'est une question de vie tandis que les pharisiens préfèrent la religion que la compassion, l'amour et la vie tout ignorant la faim des disciples du maitre de la vie. Ces mêmes erreurs continuent encore aujourd'hui à ravager les nations parce que les gens ne comprennent pas comment les choses se fonctionnent. Mais grâces soient rendues à Dieu, vous avez entre vos mains un outil qui va mettre fin à la discrimination pour toujours en appliquant ces principes.

Comment procurer la paix au milieu d'une multitude de religions.

Peut-être me direz-vous comment faire pour procurer la paix dans une nation imbue de discrimination et de racisme. Au début, la stratégie me paraissait difficile jusqu'au jour Dieu m'a conduit dans le plus grand livre au monde, particulièrement dans l'Evangile selon Jean, le chapitre 13, les versets 13-15 :

<<**Vous m'appelez Maitre et Seigneur et vous avez raison, car je le suis. Si donc, moi, le Seigneur et le maitre, je vous ai lavés les pieds les uns aux autres. Je viens de vous donner un exemple, pour qu'à votre tour vous agissiez comme j'ai agi envers vous>>.**

Ici Jésus voulait montrer à ses disciples qu'en leadership pour répondre à un problème sérieux ou grave du point de vue humain, rien n'est pas important que de donner bons exemples. Car l'exemple, c'est la merveilleuse stratégie pour résoudre le problème de la discrimination en créant un climat de paix et d'amour autour des gens de votre communauté,

Ensuite, gardez le silence au milieu des gens malgré leurs convictions religieuses. Le problème, c'est que vous parlez trop. Le silence, c'est le meilleur arbitre. Et par le silence vous allez grandement influencer les gens pour le meilleur ou pour le pire en les amenant à adopter vos convictions religieuses. Le secret est bel et bien le silence.

Enfin, gardez votre calme là où vous êtes même si les bruits sont multiples venant de toutes les religions du monde. Ne soyez pas en colère. Ne vous inquiétez pas. Restez vous-même, même si les convictions religieuses sont diamétralement opposées comme le ciel et la terre, la nuit ou le jour. C'est pourquoi je vous invite à méditer longuement sur cette grande vérité trouvée dans le livre d'Esaie, chapitre 30, le verset 15 :

<<C'est dans le calme et la confiance que sera votre force>>.

Point commun de l'homme : Citoyen du monde

Que l'on veuille ou non, nous sommes tous une même famille habitant sur la terre. Nous avons tous un point commun qui est bel et bien citoyen du monde malgré nos différences religieuses, sociales, économiques, nationales, internationales pour ne citer que celles-là. La seule différence se trouve dans ma citation et je cite :

<<Le ciel est le même partout. C'est la manière de penser qui établit une différence entre les nations>>. (Ambroise Hernst)

En un mot, la façon de comprendre, d'interpréter ou de voir les choses qui crée par mal de conflits, de guerres et de toutes choses à travers le monde. On dit en psychologie : **''L'homme n'est pas troublé par les événements, mais la façon de les interpréter.''** Il en est de même pour la discrimination des religions du monde. Alors que pour les autres domaines les choses ne sont pas ainsi. Par exemple quelqu'un peut bien aimer du lait et pour un autre ne l'est pas et préfère du jus de tomate. Un autre préfère la viande de poule que celle du bœuf et un autre lui de sa part préfère la viande du mouton. Pourtant, il n'y a pas de problème entre les gens. Et cette vérité est valable pour le choix de l'université, la profession…etc. Mais quand il s'agit de la religion ; c'est une autre chose. Nous n'allons pas résoudre ce problème en se contentant de dire. Ce n'est pas normal. Laissez-moi vous dire que les choses sont plus compliquées, car il s'agit du domaine de l'esprit, l'intelligence, la direction, l'influence et la domination. Cela demande une sagesse exceptionnelle qu'il ne faut pas prendre à la légère. Car le domaine de l'esprit, particulièrement la croyance est contagieuse et très sensible et n'est pas non plus l'affaire des enfants, mais des gens matures sages, intelligents et imbus de connaissance.

Salomon, auteur du livre des proverbes dans la Bible, a pu donner un grand principe concernant la pensée ou les psychologues, les psychiatres et les intellectuels ont puisé beaucoup. Selon Proverbes 23, le verset 7 :

<<…L'homme est tel que sont les pensées de son cœur>>.

<<Les gens pensent qu'ils peuvent recevoir en demandant seulement. Mais la parole de Dieu nous dit par l'intermédiaire de l'Apôtre Paul : <<Demander ou Penser>>.

<<Or, à celui qui peut faire, par la puissance qui agit en nous, infiniment au-delà de tout ce que nous demandons ou pensons, à lui soit la gloire dans l'église et en Jésus-Christ, dans toutes les générations, aux siècles des siècles ! Amen !>>

Vous devriez savoir aussi que les hommes sont influencés et dirigés par ce en quoi ils croient : leur religion, leur culture et pratiques. Sachez que cette influence est beaucoup plus grande que vous pouvez l'imaginer parce qu'elle demande du temps, de l'énergie et de la persévérance. Même quand cette croyance peut-être fausse pour certains et vraie pour d'autres. Cela demande de la compréhension. Vraie ou fausse, il faut aborder la question du bon côté avec qui que ce soit en sachant que nous sommes tous citoyens du monde en dépit de nos divergentes croyances. Nous pouvons vivre ensemble. Nous pouvons s'asseoir ensemble. Nous pouvons habiter ensemble. Nous pouvons travailler ensemble. Nous pouvons aller dans la même université.

La pratique de cette vérité permet l'unité dans la diversité partout à travers le monde et celle-ci apportera la paix là où se trouvent toutes les maladies du monde en bannissant totalement la discrimination sous toutes ses formes.

Les caractéristiques d'un grand Leader religieux

Nombreux d'auteurs sont ceux qui écrivent pour le leadership. Ils parlent beaucoup. Ils écrivent beaucoup. Toutefois, après avoir examiné en profondeur les événements qui font d'un grand leader religieux, je finis par voir les choses d'un autre aspect différent afin d'enlever complètement la discrimination et le racisme, et bien d'autres problemes encore, dans une nation pour toujours. Voila pourquoi je vous propose une sélection de neuf (9) qualités essentielles trouvées en Galates 5 : 22 constituant le fruit de L'Esprit.

1-L'amour

Un grand leader religieux aime la vie, les gens et sa communauté. Là où il se trouve, il ne cesse de semer l'amour au milieu même d'une foule aux convictions religieuses différentes. Il a sa propre conviction et respecte celle des autres à cause de son grand amour pour sa communauté.

2-**La joie**

Il est toujours heureux malgré les temps et les circonstances. Il est non seulement en joie, mais il la partage sa famille, sa communauté, sa région, son pays. Car il sait fort bien que c'est Dieu qui change les temps et les circonstances. Par cette grande émotion positive, il bannit la discrimination sans se rendre compte.

3-**La paix**

Il est un procureur de paix. Il établit l'unité là où règne la division. Il combat la discrimination dans le but de favoriser la paix dans les institutions et les organisations. Par cet acte puissant ; tous le reconnaissent qu'il comprend bien les choses.

4-**La patience**

Il est patient avec les gens malgré la désobéissance et la rébellion. Même s'il sait que la conviction religieuse de l'autre est fausse. Il peut vivre en harmonie avec lui et l'enseigne jusqu'à ce qu'il comprenne pour abandonner son mauvais chemin.

5-**La bonté**

Il étend sa bonté sur tous les hommes sans distinction et sans discrimination. Tout comme Dieu qui fait luire son soleil sur les méchants aussi bien que sur les bons, et il accorde sa pluie à ceux qui sont justes comme injustes.

6-**La bénignité**

Il est indulgent. Il pardonne toujours. Il sait comment placer l'unité dans la diversité. Sa famille et sa communauté témoignent de sa bienveillance parce qu'il est un père pour les orphelins, l'œil de l'aveugle, le pied du boiteux et l'avocat des rejettes, des méprisés.

7-**La fidélité**

Il est honnête et droit dans tout ce qu'il dit et fait. Il est fidèle à lui-même, aux autres en dépit des différences énormes.

8-**La douceur**

Il est doux et humble de cœur. Tout le monde veut se refugier sous ses ailes. Sa douceur couvre sa communauté.

9-La tempérance

Il est très modéré. Il sait se maitriser et métriser les autres dans leurs conflits les plus adverses comme la religion, la politique. Bref, il est un modèle de modération en tout, partout et toujours.

LES NOIRS AMERICAINS DE L'ABOLITION AUX DROITS CIVILS

1. L'esclavage a été aboli en 1865, mais cela ne signifie pas que les Noirs américains aient les mêmes droits que les Américains blancs. Au contraire, ils étaient encore considérés comme racialement inférieurs, et la vieille ségrégation des États esclaves continuaient, même si elle n'était pas toujours légale. Cela signifiait qu'un Noir ne pouvait pas aller à la même école, acheter dans les mêmes boutiques, visiter les mêmes centres d'amusement, ou s'asseoir dans la même section d'un autobus, un cinéma, un restaurant, un bus, un cinéma, un restaurant, Ou une plage, en tant que personne blanche. Ainsi, en 1955, les Noirs américains ont commencé une grande lutte pour l'égalité des droits. Le chef du mouvement, appelé le mouvement des droits civiques, était Martin Luther King, un pasteur noir né en 1929 à Atlanta, en Géorgie.

2. À l'université, Martin Luther King a étudié la vie du leader indien Gandhi. Gandhi avait renversé l'Empire britannique et conduit son pays à l'indépendance par la résistance passive et la non-violence. Martin voulait essayer de faire de même pour son propre peuple. Ainsi, de 1955 à 1968, il a organisé de nombreuses manifestations des droits civils. Tous les discours, marches, sit-in et manifestations pacifiques visaient une chose: l'égalité des droits pour les Noirs.

3. Le Ku Klux Klan a été fondé en 1866. C'était une association d'extrémistes blancs qui étaient contre la liberté noire. Pour cacher leur identité et intimider les Noirs, les membres du Ku Klux Klan portaient des robes blanches ou rouges, des masques et des chapeaux pointus et ils brûlaient des croix. Pire encore, ils ont assassiné, volé et brûlé des maisons et des fermes noires. Le Ku Klux Klan a été rendu illégal en 1877 et de nouveau en 1928, mais il est devenu actif encore pendant et après la campagne des droits civils.

4. Le discours le plus célèbre des droits civils est celui que Martin Luther King a fait à Washington le 28 août 1963. Il s'est tenu devant le Lincoln Mémorial et a parlé à plus de 250 000 personnes. Voici quelques extraits de son discours.

«J'ai un rêve qu'un jour, sur les collines rouges de Géorgie, les fils d'anciens esclaves et les fils d'anciens propriétaires d'esclaves pourront s'asseoir ensemble à la table de la fraternité ...

J'ai un rêve que mes quatre petits enfants vont un jour vivre dans une nation où ils ne seront pas jugés par la couleur de leur peau, mais par le contenu de leur caractère.

... Quand nous laissons la liberté sonner, quand nous la laissons sonner de chaque village et chaque hameau, de chaque état et chaque ville, nous pourrons accélérer le jour où tous les enfants de Dieu, les hommes noirs et les hommes blancs, les Juifs et les Gentils, les protestants et les catholiques, pourront se joindre aux mains et chanter dans les mots du vieil Negro spirituel, 'Enfin libre! Enfin libre! Dieu merci, nous sommes libres enfin! " '

5. Après ce grand discours, le président John Kennedy a soumis un projet complet de loi sur les droits civils au Congrès. Ce projet de loi, qui rendait toutes les ségrégations illégales et garanties et égalité de voix et droits égaux aux Noirs, est devenu loi le 2 juillet 1964.

6. Martin Luther King est décédé le 4 avril 1968. Il a été assassiné à Memphis, dans le Tennessee, par un condamné évasif nommé James Earl Ray. Il est enterré à Atlanta, en Géorgie, où il est né et les mots «Free at last! Enfin, enfin, merci Dieu tout-puissant, je suis libre enfin, est gravé à l'extérieur de la crypte.

Présentation d'un grand Leader religieux contre la discrimination

Discours de Martin Luther King ''J'ai un rêve'' (I have a dream)

Je suis heureux de me joindre à vous aujourd'hui dans ce qui deviendra l'histoire comme la plus grande manifestation pour la liberté dans l'histoire de notre nation.

Cinq ans plutôt, un grand Américain, dans l'ombre symbolique que nous avons aujourd'hui, a signé la Proclamation de l'émancipation. Ce grand décret est venu comme un grand phare d'espoir pour des millions d'esclaves, qui avaient été brulés dans les flammes de l'injustice flétrie. Il est venu comme une aurore joyeuse pour mettre fin à la longue nuit de leur captivité.

Mais cent ans plus tard, l'Américain noir n'est pas toujours pas libre. Cent ans plus tard, la vie de l'Américain noir est encore malheureusement paralysée par le manacle de la ségrégation et les chaines de la discrimination.

Cent ans plus tard, l'Américain noir vit sur une île solitaire de pauvreté au milieu d'un vaste océan de prospérité matérielle. Cent ans plus tard, l'Américain noir est encore languissant dans les coins de la société américaine et se trouve un exil dans sa propre terre. Nous sommes donc venus ici aujourd'hui pour dramatiser une situation honteuse.

En un sens, nous sommes venus à la capitale de notre nation pour encaisser un cheque. Quand les architectes de notre grande république ont écrit les mots magnifiques de la Constitution et de la Déclaration d'indépendance, ils signaient un billet à ordre auquel tout Américain devait succéder. Cette note était une promesse que tous les hommes, oui, les hommes noirs aussi bien que les blancs, seraient assurés les droits inaliénables de la vie, de la liberté et de la poursuite du bonheur.

Il est évident aujourd'hui que l'Amérique marque à ce billet un ordre en ce qui concerne ses concitoyens de couleur. Au lieu d'honorer cette obligation sacrée. L'Américain a donné à ses gens de couleur un mauvais chèque, un chèque qui est revenu marque <<fonds insuffisants>>.

Mais nous refusons de croire que la banque de justice est en faillite. Nous refusons de croire que ce sont des fonds insuffisants dans les grandes voutes d'opportunité de cette nation. Nous venons donc d'encaisser ce chèque, un chèque qui nous donnera sur demande les richesses de la liberté et de la sécurité de la justice.

Nous sommes également venus à cet endroit consacré pour rappeler à l'Amérique de l'urgence féroce de maintenant. Ce n'est pas le moment de s'engager dans le luxe de se refroidir ou de prendre la drogue tranquillisante du gradualisme.

Le moment est venu de faire la promesse réelle de la démocratie. C'est le moment de lever notre nation du stable mouvant de l'injustice raciale au rocher solide de la fraternité.

C'est le moment de faire de la justice une réalité pour tous les enfants de Dieu. Il serait fatal pour la nation de négliger l'urgence du moment et de sous-estimer la détermination de ses citoyens de couleur. Cet été étouffant du mécontentement légitime des gens de couleur ne passera pas tant qu'il n'y aura pas un automne revigorant de liberté et d'égalité. Dix-neuf soixante-trois n'est pas une fin mais un commencement. Ceux qui espèrent que les Américains noirs ont besoin de souffler de la valeur et seront maintenant content, auront un réveil grossier si la nation retourne aux affaires comme d'habitude.

Il n'y aura ni repos ni tranquillité en Amérique jusqu'à ce que le citoyen de couleur se voit accorder ses droits de citoyenneté. Les tourbillons de la révolte continueront a secouer les fondements de notre nation jusqu'à ce que le jour lumineux de la justice émerge.

Mais il y a quelque chose que je dois dire à mon peuple qui se tient sur le seuil qui mène dans le palais de justice. Dans le processus de gagner notre place légitime, nous ne devons pas être coupables d'actes illicites.

Ne cherchons pas à satisfaire notre soif de liberté en buvant de la coupe de l'amertume et de la haine. Nous devons toujours conduire notre lutte sur le plan élevé de la dignité et la discipline. Nous ne devons pas laisser notre protestation créative dégénérée en violence physique.

Encore et encore nous devons nous lever aux majestueuses hauteurs de rencontrer la force physique avec la force de l'âme. Le merveilleux nouveau militantisme qui a englouti la communauté noire ne doit pas nous faire méfier de tous les blancs, car beaucoup de nos frères blancs, mis en évidence par leur présence ici aujourd'hui, ont compris que le destin est lié à notre destin et à leur liberté est extrêmement liée à notre liberté.

Nous ne pouvons pas marcher seuls.

En marchant, nous devons faire le gage que nous marchons toujours en avant. Nous ne pouvons pas revenir en arrière. Il y a ceux qui demandent aux dévots des droits civiques. Quand serez-vous satisfait ? Nous ne pourrons jamais être satisfaits tant que la personne de couleur noire est la victime des horreurs indescriptibles de la brutalité policière.

Nous ne serons jamais être satisfaits tant que nos corps lourds de fatigue ne pourront pas loger dans les motels, des routes et des hôtels des villes.

Nous ne pouvons jamais être satisfaits tant que la couleur de la personne noire de couleur de la mobilité de base est d'un petit ghetto à un plus grand.

Nous ne pouvons jamais être satisfaits tant que nos enfants sont dépouillés de leur identité et volés de leur dignité par des signes indiquant pour les blancs seulement.

Nous ne pouvons jamais etre satisfaits comme une personne de couleur dans le Mississipi ne peut pas voter et une personne de couleur a New York croit qu'il n'a rien pour lequel voter.

Non, non, nous ne sommes pas satisfaits et nous ne serons pas satisfaits jusqu'à ce que la justice roule comme les eaux et la justice comme un torrent puissant.

Je ne suis pas inconscient que certains d'entre vous, soient venus ici hors de vos épreuves et tribulations. Certains d'entre vous sont venus directement des cellules étroites de la prison. Certains d'entre vous sont venus de régions ou votre quête de liberté vous a laissé battre par les tempêtes de persécutions et chancelée par les vents de la brutalité policière.

Vous avez été les vétérans d'une souffrance créative. Continuez à travailler avec la foi que la souffrance non acquise est rédemptrice.

Retournez dans le Mississipi, retournez an Alabama, retournez en caroline du Sud, retournez en Géorgie, retournez en Louisiane, retournez aux strumes et aux ghettos de nos villes modernes, sachant que cette situation peut et sera changée.

Ne nous égarons pas dans la vallée du désespoir. Je vous dis, mes amis, que nous faisons face aux difficultés d'aujourd'hui et demain.

J'ai encore un rêve qu'un jour cette nation se lèvera et vivra le sens de sa croyance. Nous tenons ces vérités être évident que tous les hommes créés égaux.

J'ai un rêve qu'un jour dans les collines rouges de Géorgie les fils d'anciens propriétaires d'esclaves pourront s'asseoir ensemble à la table de la fraternité.

J'ai un rêve qu'un jour, même l'état du Mississipi, un état étouffant par la chaleur de l'oppression, sera transformé en une oasis de liberté et de justice.

J'ai un rêve que mes quatre petits enfants vivront un jour dans une nation où ils ne seront pas jugés par la couleur de leur peau, mais le caractère.

Aujourd'hui, j'ai un rêve.

J'ai un rêve qui un jour en Alabama, avec ses racistes vicieux, avec son gouverneur ayant ses lèvres gouttant avec les mots d'interposition et d'annulation ; qu'un jour, en Alabama, les petits garçons noirs et les filles noires pourront se joindre aux mains avec peu de garçons et de filles blanches comme sœurs et frères.

J'ai un rêve.

J'ai un rêve, un rêve qu'un jour chaque vallée sera engloutie, chaque colline sera exaltée, et chaque montagne sera abaissée, les endroits rugueux seront rendus droits, et la gloire du seigneur sera révélée en toute chair et le voir ensemble.

C'est notre espoir. C'est la foi que je vais retourner au sud avec. Avec cette foi, nous pourrons sortir de la montagne du désespoir une pierre d'espoir.

Avec cette foi, nous pourrons transformer les dissonances de notre nation en une belle symphonie de fraternité.

Avec cette foi, nous pourrons travailler ensemble, prier ensemble, aller en prison ensemble, grimper ensemble pour la liberté, sachant que nous serons libres un jour.

Ce sera le jour où tous les enfants de Dieu pourront chanter un nouveau sens : <<Mon pays, ce de toi, douce terre de liberté que je chante. Terre ou est mort mon père, terre de la fierté du pèlerin, de chaque côté de la montagne, que la liberté sonne>>.

Et si l'Amérique doit être une grande nation, cela doit devenir vrai. Alors, laissez la liberté sonner des sommets du New Hampshire. Laissez la liberté sonner des montagnes puissantes de New York.

Laissez la liberté sonner d'alléghénies grandissante de la Pennsylvanie.

Que la liberté sonne depuis les Rocheuses enneigées du Colorado.

Laissez la liberté sonner depuis les pentes incurvées de la Californie.

Mais pas seulement cela, laissez la liberté sonner de la montagne de pierre de la Géorgie.

Laissez la liberté sonner de très colline et molehill du Mississipi et chaque flanc de montagne. Quand nous laissons la liberté sonner, quand nous la laissons sonner de chaque logement et de chaque hameau, de chaque état et de chaque ville, nous pourrons accélérer le jour où tous les enfants de Dieu, hommes noirs et hommes blancs, Juifs et Gentils, Protestants et Catholiques, pourront se joindre aux mains et chanter dans les mots de l'ancien spirituel. ''Enfin libre, enfin libre. Dieu merci Tout-Puissant, nous sommes enfin libres''.

Source : Ce texte intégral de <<J'ai un rêve aujourd'hui>>. Par Dr. Martin Luther King. Jr., livre au mémorial de Lincoln. Le mercredi 28 Aout, jour de la Marche sur Washington, fut imprimé le 7 Septembre 1961. Issue of The Chicago Defender. Chaque journal de toute conséquence racial du texte intégral de ce discours.

N.B Traduction de l'anglais en français ''I Have a Dream Today''

Un extrait dans le premier discours du 44 eme président des Etats-Unis, et premier président Américain noir : Barack OBAMA.

… C'est le prix et la promesse de la citoyenneté.

C'est la source de notre confiance – savoir que Dieu nous appelle a façonner une destinée certaine incertaine.

C'est le sens de notre liberté et notre credo – la raison pour laquelle les hommes, les femmes et les enfants de toutes les races, de toutes les croyances peuvent se rejoindre sur cette esplanade magnifique et la raison pour laquelle un homme dont le père, il y a moins de 60 ans, n'aurait peut-être pas été servi dans un restaurant local, se tient debout devant vous, pour prêter le serment le plus sacré.

Rappelons-nous ce jour, et qui nous sommes et la distance que nous avons parcourue. Cette année de la naissance de l'Amérique, les mois les plus froids, une petite troupe de patriotes s'était blottie autour de feux, de camp, mourant sur les bords d'une rivière glaciale. La capitale avait été abandonnée. L'ennemi avançait. La neige était maculée de sang. Au moment ou l'issue de la révolution était la moins sûre, le père de notre nation a ordonné que ces mots fussent lus au peuple :

<< Qu'il soit dit au monde futur… que dans la profondeur de l'hiver, quand rien d'autre que l'espoir et la vertu ne pouvaient survivre… que la ville et le pays, alarmés aux dangers communs, surgirent à sa rencontre>>.

Amérique ! Face aux dangers communs, cet hiver de peine, rappelons-nous ces mots intemporels. Avec l'espoir et la vertu, nous braverons une fois de plus les courants de glace et endureront les orages à venir. Qu'il soit dit par les enfants de nos enfants, que quand nous avons été mis à l'épreuve, nous avons refusé d'abandonner notre route et que nous n'avons pas fait demi-tour et que nous n'avons pas fléchi ; et avec les yeux rivés sur l'horizon et avec la grâce de Dieu, nous avons porte ce grand don de liberté et l'avons livré sain et sauf aux générations futures>>.

Barack OBAMA.

Une vérité cachée dans l'histoire américaine.

George Stinney a été exécuté par les chaines de la discrimination.

L'histoire a rapporté que Martin Luther King a été influencé par Gandhi, Leader Indien. Il y a ici un peu de vérité. Mais la toute et complète vérité, c'est que martin Luther King a été surtout influencé par Georges Stinney à l'âge de 15 ans après la mort tragique et injuste de l'innocent George Stinney.

Après cet événement, il n'était plus le même. Sa vie a été totalement bouleversée. Adolescent qu'il était, il pouvait comprendre à merveille la situation plus que toutes les autres personnes de son temps. Car il était appelé par Dieu pour combattre la discrimination et la ségrégation raciale pour une meilleure intégration des noirs dans la société.

A noter aussi que les chaines de la discrimination et du racisme faisaient rage dans l'Etat de Caroline du Sud aux Etats-Unis. Croyez-moi si vous le pouvez, si c'était dans un autre état comme Miami, mais pas Pennsylvanie, Colorado, Californie, Géorgie…, George Stinney aurait la vie sauve.

Ce qui parait étrange dans tout cela, c'est que Président OBAMA n'a rien dit publiquement, même un petit mot à l'égard de George Stinney durant tout son mandat (8 ans). Car il n'a pas de nom peut-être dans sa communauté. Pourtant ce même Président Obama n'a cessé de parler de Martin Luther King.

Essayons de comprendre une vérité :

George Stinney – Martin Luther King – President Barack Obama

Ensuite 70 ans plus tard, les Juges Américains ont refusé de dire publiquement toute la vérité. Comme par exemple Carmen Mullen déclara :

<<le jeune homme avait peut-être commis le crime, mais sa décision porterait sur la question de savoir s'il avait bénéficié d'un procès équitable>>.

Pointant les multiples anomalies du procès, le juge Mullen a annulé le jugement ayant condamné George Stinney, estimant que ses droits avaient été violés lors de son procès et qu'il n'avait pas pu avoir une défense équitable.

N.B Des centaines de personnes, dont des membres de la NAACP, de diverses églises et de syndicats protestent, demandant au gouverneur Olin D. Johnston d'annuler l'exécution. Il refuse, déclarant avoir étudié le cas et ne pas avoir trouvé de raison d'intervenir.

La discrimination, un grand mal à éviter parce qu'elle a permis l'exécution de George Stinney, la personne la plus jeune exécutée aux Etats-Unis au XXe siècle.

Pour terminer ce chapitre, laissez-moi vous dire que ceux qui luttent contre la discrimination et le racisme verront toujours les fruits de leurs efforts et sacrifices. Si au XXe siècle, on a exécuté la personne la plus jeune à cause de la discrimination, eh bien au XXIe siècle, le PREMIER PRESIDENT NOIR, le 44eme président des Etats-Unis a fait son apparition pour détruire totalement la discrimination. Car la discrimination est fausse et éphémère, mais la compassion et l'amour sont vrais et éternels.

Citations de discrimination de Hernst AMBROISE

1-Un grand leader religieux n'est jamais celui qui discrimine les gens malgré leurs convictions religieuses, mais celui qui combat toute sa vie avec force et courage contre toutes formes de discrimination, de racisme et d'injustice en créant un climat d'amour et de paix autour de sa famille, sa communauté et le monde.

2-Celui qui discrimine est la grande preuve que l'amour du prochain n'est pas en lui et que cet amour se retrouve à l'intérieur de celui en qui il discrimine.

3-Tout homme a comme vous un esprit une âme et un corps. Pourquoi le rejetez-vous à cause de sa couleur son origine, sa conviction religieuse, sa formation intellectuelle ?

4-Il nous faut remplacer la discrimination par la compassion.

5-Un cœur rempli d'amour et de paix ne discrimine jamais.

6-Le mur de la discrimination doit-être remplacé par le mur de la réconciliation pour une meilleure cohabitation des fils et des filles de la terre sous un même toit.

7-J'aime ma communauté. C'est pourquoi je bannis la discrimination et le racisme dans mon esprit.

8-Il n'y a pas de discrimination dans le ciel.

9-Je suis citoyen du monde ; c'est justement pour cela que je suis contre la discrimination et le racisme.

10-L' amour que j'ai pour ma communauté m'empêche de discriminer mes compatriotes.

11-Discriminer les gens est diabolique, mais les aimer est divin.

12-La discrimination est venue dans le monde par un cœur rempli de haine, de division et de guerre, mais elle sera toujours combattue par un cœur rempli d'amour, d'unité et de paix.

13-La discrimination vient d'en bas ; et la réconciliation vient d'en haut. Ceux qui discriminent finiront par s'abaisser et ceux qui luttent pour la paix s'élèveront toujours plus haut.

14-La discrimination n'est pas l'éducation. C'est de l'ignorance humaine dans toute la plénitude du terme.

15-Un gouvernement qui favorise la discrimination et le racisme n'est pas grand aux yeux du monde.

16-La discrimination, c'est la primauté de la matière sur l'esprit alors que c'est l'esprit qui dirige le corps. Donc, avec un minimum de bon sens, la discrimination et le racisme peuvent bien être évitées.

17-L'égalité est la même pour tous dans la mort. Pourquoi la discrimination et le racisme alors ?

18-Je sais comment vivre en paix avec tout le monde parce que la discrimination n'est pas en moi.

19-La discrimination n'est pas l'apanage des grands Esprits, mais des esprits les plus faibles du monde. Vous pouvez-vous-même examiner les gouvernements du monde.

20-Un pays où règne la discrimination et le racisme ; c'est que les citoyens ne lisent pas encore mon ouvrage.

21-Rappelez-vous : Dieu ne tolère pas la discrimination et le racisme. Dieu est Esprit et l'esprit n'a pas de couleur.

CONCLUSION

Chacun est libre d'exercer sa conviction religieuse. C'est le seul plein droit que DIEU a donné à l'homme pour qu'il exerce sa volonté comme elle veut. Et sans cette liberté de sa propre conviction, l'homme ne serait plus un être, une personne, mais un robot.

Ceux qui discriminent les gens concernant leurs convictions religieuses, leur statut économique, leur sexe ou de l'âge, de la race, de l'appartenance ethnique, de la nationalité, du handicap, de la maladie mentale ou du handicap. , identité sexuelle / expression / dysphorie, caractéristiques sexuelles, opinions politiques individuelles… Ces gens-là doivent mettre en question leur éducation avant de réagir ainsi. Nous ne parlons pas d'agir, car en psychologie on dit que l'homme n'agit pas, mais qu'il réagit toujours. Donc, ceux qui discriminent leurs compatriotes ou frères et sœurs, se situent de la mauvaise côté de la route. Ils n'entrent pas dans le plan de la paix que le monde souhaite avoir. Ils divisent la société. Ils détruisent les relations humaines. Ils attirent la haine entre les nations. Ils gaspillent leur énergie dans des choses futiles. Ils cherchent à accomplir ce que DIEU le Créateur ne fait pas. Bref, tout cela arrive à cause de L'ABSENCE DE L'EDUCATION GRANDE ET PUISSANTE. Nous croyons qu'une rétrospection de soi est vraiment importante et urgente.

En ce qui concerne les religions du monde, une différence m'est souvent présente à l'esprit, c'est que << JÉSUS-CHRIST EST ENTRÉ AU TOMBEAU COMME TOUS LES aux LEADERS DES RELIGIONS DU MONDE. MAIS IL LAISSA SEUL LE TOMBEAU ET RETOURNA A LA VIE>> (Ambroise Hernst). Pourquoi ? Parce qu'il est le chemin, la Vérité et La Vie> (Jean 14 :6)

Je vois aussi dans la Bible que seul JÉSUS-CHRIST, l'un des leaders religieux (le Christianisme) pouvait conjuguer le verbe mourir au passé en disant : <<J'étais mort ; et voici, je suis vivant aux siècles des siècles. Je tiens les clefs de la mort et du séjour des morts. >> (Apocalypse 1 :18). Cependant, lors de sa course terrestre, il pouvait vivre en harmonie avec sa communauté malgré toutes les couches sociales différentes sans pour autant les discriminer, car son amour était plus fort que la haine et sa paix plus forte que la guerre.

Ainsi donc, par cette grande différence, je faix choix du Christianisme, mais sans pour autant vous imposer mon choix. CAR L'ÉDUCATION GRANDE ET PUISSANTE dans laquelle j'évolue domine le monde et m'aide à distinguer le vrai du faux, le juste de l'injuste, l'essentiel de l'accessoire.

Comme la discrimination représente un conflit pour le monde parce qu'elle divise la société, incite la haine, détruit les relations humaines, les leaders religieux, et tous les autres leaders potentiels du monde doivent la combattre sous toutes ses formes. Tachez-vous de le faire dès maintenant, et vous en verrez les fruits dans le monde.

N'oubliez pas cette vérité : Chacun est libre d'exercer sa conviction religieuse quand il veut, où il veut et comme il veut. Bref, partout, en tout et toujours.

Information sur l'auteur

Ambroise Hernst

En considérant les conflits que crée la discrimination, particulièrement la discrimination religieuse, l'auteur est amené à questionner le bien-fondé des croyances. Pour éviter ces conflits et créer un monde d'amour, d'unité et de paix, il présente des principes et il nous montre comment si nous les appliquons, nous découvrirons la paix au sein de notre communauté et le monde. Si nous y obéissons et utilisons leur puissance, un monde d'amour, d'unité et de paix s'ouvrirons devant nous en tout, partout et toujours.

Licencié du Séminaire Théologique de L'Eglise de Dieu en Haïti (STEDH). Master of Arts in Theology (in course) at Cornerstone Christian University (CCU) (USA). Spécialiste en Biologie Médicale et Médecine (FCBM – France). Formation Continue à GIPSE – L'Excellence en formation Santé (France).

Pasteur Hernst Ambroise est Président-Fondateur de L'Institut Cerveau du Monde (ICERMO) – (Anglais – The World Great Powerful Brain Institute (WGPBI).

Il est actuellement directeur de l'Institution Mixte Vision Changement (IMVC) et Administrateur du Royaume Haïti Collège Biblique (RHCB). Animateur principal de l'émission ''Quatrième Dimension'' sur Radio Roc Solide. Il est aussi professeur de l'éducation chrétienne et des sciences en Biologie Médicale.

Bibliographies

Livres consultés.

- La voix du Bouddha (par André Bareau, 1996, éd. Philippe Lebaux).

- Les religions (par Jean-Marc de Faville, 1992, éd. Hachette).

- Les grandes religions (dir. Philippe Gourdin, 1995, éd. Marketing).

- Le Bouddha, L'hindouisme, Mahomet ou Jésus-Christ (Par G. Bergmann, 1997, éd. des bons semeurs)

- Handbook of today's religions (par Mc, Dowell et Don, Stewart, 1983, ed. Here's Life Publishers)

- La Bible (Version Louis Segond et Semeur)

- Le Coran

- Traduction autorisée, par kasimirski, éd. Flammarion).

- La Constitution fédérale

- Discours ''I Have a Dream'' (par Martin Luther King)

9 789997 534290 2